CHANSONS

LES

SYNONYMES

PAR LES MEMBRES DU CAVEAU

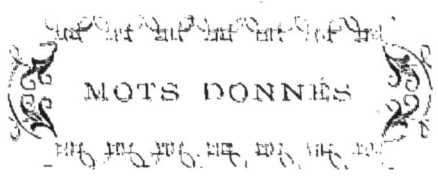

MOTS DONNÉS

PARIS

IMPRIMERIE A. APPERT, PASSAGE DU CAIRE, 5e

—

1863

Y+

LES SYNONYMES

C.

CHANSONS

LES

SYNONYMES

PAR LES MEMBRES DU CAVEAU

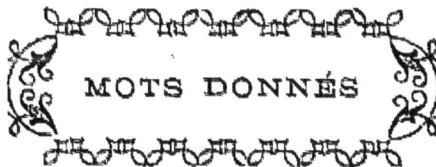

MOTS DONNÉS

PARIS

IMPRIMERIE A. APPERT, PASSAGE DU CAIRE, 56

—

1863

AVERTISSEMENT

Les Chansons que contient ce Recueil ont été faites sur des *Mots* tirés au sort, et chantées au Banquet annuel (dit *Banquet d'été*), qui a eu lieu le samedi 20 juin, chez M. GIRARD, restaurateur, au *Moulin Vert*, à la porte Dauphine.

LES SYNONYMES

TOAST DU PRÉSIDENT

Parmi des convives joyeux
Où je brillais... par mon absence !
Les mots donnés ont pris naissance
En mil huit cent quarante-deux.

Depuis ce jour, où les légumes
Furent par vous livrés aux vers,
De combien de sujets divers
Se sont enrichis nos volumes !

Depuis vingt et un ans sonnés
Qu'à ce banquet ils se fredonnent,
Que de plaisir toujours nous donnent,
A ce banquet, les mots donnés !

Et, comme ils viennent à cette heure
D'atteindre à leur majorité,
J'ai plus d'une raison majeure
Pour boire à leur prospérité.

Grâce à nous, puisqu'ils ont su faire,
Petit à petit, leur chemin,
Célébrons, le verre à la main,
Ce vingt-unième anniversaire!

Louis PROTAT.

Membre titulaire, Président.

PERRUQUE ET TOUPET

Air de Pilati.

Autrefois les plus nobles nuques
Se couvraient de cheveux d'emprunt :
C'était l'âge d'or des perruques,
Hélas ! ce bon temps est défunt !
Louis, grand par son entourage,
Dans ce siècle-là se drapait...
Quand la perruque était d'usage,
L'homme souvent eut du toupet.

Des sots auteurs forte est la race,
Pour eux n'ayons point de pardon.
Malgré les puissants, notre Horace
Fouaillait Chapelain et Pradon ;
Sans jamais faiblir, son courage
Poétiquement les frappait...
Quand la perruque était d'usage,
L'homme souvent eut du toupet.

Molière, illustre misanthrope
Et souvent gai réformateur,
De Scapin prenait l'enveloppe
Pour mieux atteindre l'*imposteur*.
En vain les dévôts faisaient rage,
A leur fureur il échappait...
Quand la perruque était d'usage,
L'homme souvent eut du toupet.

Contemplez cet esprit mobile,
Ce Scarron, toujours sans chagrin,
Transformant le chaste Virgile
En un burlesque Tabarin!
Le goût se voilait le visage
Dès que sa verve galopait...
Quand la perruque était d'usage,
L'homme souvent eut du toupet.

De son *Mahomet,* quand Voltaire
Fit hommage au chef des chrétiens,
Ce fut un long rire sur terre ;
C'était un Grec chez les Troyens!
Arouet, malin comme un page,
Au Vatican ainsi grimpait...
Quand la perruque était d'usage,
L'homme souvent eut du toupet.

Oublier, dans ma chansonnette,
Maitre André, serait un abus :
Perruquier, il se fit poëte
A la barbe du blond Phœbus.
Dès qu'il barbouillait une page,
Poing sur la hanche il se campait...
Quand la perruque était d'usage
L'homme souvent eut du toupet.

Justin CABASSOL,

Membre honoraire.

~~~~~~~~~~~~~~~~~~~~~~~~~~~~~~~

VALEUR ET COURAGE

Air de *la Famille de l'Apothicaire*.

Ces deux mots, bien loin de donner
L'essor à ma muse surprise,
M'ont fait vingt fois abandonner
Une tâche vingt fois reprise ;
Mais chansonnier doit faire honneur
Au lot qui devient son partage,
Et si je n'en ai la valeur,
J'en aurai du moins le courage !

La valeur est, chez le soldat,
Grandeur, bravoure, intelligence,
Quand le courage d'apparat
N'est que mépris de l'existence ;
Si le soudart et le bretteur,
Ne vivant que pour le carnage,
N'ont, à nos yeux, nulle valeur,
Ils ont du moins quelque courage.

César, des guerriers ce phénix,
Type de valeur militaire,
A défait Vercingétorix,
Type de courage à la guerre ;
Et l'histoire, de sa faveur
Faisant un inégal partage,
En donne plus à la valeur,
Qu'elle n'en accorde au courage.

Mais dans le temple de Plutus,
La valeur se montrant peureuse,
Après le flux, craint le reflux
D'une fin courant orageuse ;
Son héros, le titre au porteur,
Élément de l'agiotage,
Nous représente une valeur
N'ayant pas le moindre courage.

A vingt ans, lorsqu'il faut quitter
Sa famille pour sa patrie,
A prix d'or, on peut racheter
Les dangers qu'on craint pour sa vie :
Pour envoyer, au champ d'honneur,
Un héros faire notre ouvrage,
Il faut en avoir la valeur,
Quand on en n'a pas le courage !

Le vieux Saturne, dieu du temps,
Aimait tant sa progéniture,
Que, dévorant tous ses enfants,
Il en faisait sa nourriture ;
Quand il avalait, sans horreur,
De tels régals d'anthropophage,
Vous conviendrez que l'avaleur
Avait un monstrueux courage !

Amis, après le rude effort
Que m'a coûté cette bluette,
Je méritais un meilleur sort
Qu'une humiliante défaite ;
Aussi, dans la juste rigueur
De votre équitable arbitrage,
Vous devez nier ma valeur,
Mais reconnaître mon courage.

J. KRAUS,
Membre correspondant.

VESTE ET HABIT

Air de *la Veille et le Lendemain*.

On me donne pour synonymes
Deux mots qui troublent mon cerveau :
Je voudrais, dans mes faibles rimes,
Y trouver un sujet nouveau.
Mais chacun, sans que je l'atteste,
Sait que, chez nous, on a produit
De charmants couplets sur la veste (1),
Comme on en a fait sur l'habit.

Ce soir ma toilette vous choque,
J'ai vraiment l'air d'un paysan ;
Pour mieux faire il faut que j'invoque....
Qui donc?... eh parbleu ! le dieu Pan !

(1) La Veste-*Bordet*. L'Habit-*Gagneux*.
(Mots donnés, 1847.)

2

De ma mise, par trop modeste,
Il pourra tirer quelque fruit,
En cousant des *pans* à ma veste,
Afin de m'en faire un habit.

Pauvres aveugles que nous sommes !
Dans nos goûts et dans nos besoins,
Tout d'abord, nous jugeons des hommes
Selon qu'ils brillent plus ou moins:
Évitons cette erreur funeste :
Souvent, plus d'un sage l'a dit,
Un noble cœur bat sous la veste,
Quand le fripon est en habit.

Victime d'un destin contraire,
On voit faillir un travailleur ;
Mais, dans sa probité sévère,
S'il perd tout, il garde l'honneur,
Lorsqu'un boursier, d'une main leste,
Sans honte exploite le crédit,
Et garde, en retournant sa veste (1)
Un million dans son habit.

(1) *Retourner sa veste,* faire faillite Expression
usitée à la Bourse.

Tous les ans, ce banquet nous trouve
Bravant les ardeurs du soleil ;
Aussi chacun de nous approuve
Qu'on y soit en simple appareil.
Fuyant la chaleur indigeste,
Buvons, chantons jusqu'à minuit ;
Pour ne pas emporter de veste,
Otons et la veste et l'habit.

Bientôt j'entendrai sonner l'heure
Où je devrai mettre habit bas,
Pour aller vers une demeure.
D'où je ne vous reviendrai pas.
Mais puisque le séjour céleste
S'ouvre pour les pauvres d'esprit,
J'y serai reçu, même en veste,
Aussi bien qu'avec un habit.

A. Bugnor,
Membre titulaire.

BONHEUR ET CHANCE

Air : *Soldat français, nés d'obscurs laboureurs.*

Chance et *Bonheur* nous paraissent d'abord
Devoir entre eux s'unir, se correspondre.
Puis, y songeant, on convient sans effort
Qu'on ne saurait néanmoins les confondre.
Loin de trancher ici du raisonneur,
Je sens qu'ils ont chacun leur différence :
L'homme, à mon sens, en tout bien tout honneur,
Peut quelquefois obtenir du bonheur,
 Et cependant manquer de chance.

La preuve en est : je gagne mon procès,
Plus de soucis ! plus d'affreux ballotage !
Je serai riche, et, fort de mon succès,
J'achèterai maison, parc, ermitage.
C'est pour le mieux d'avoir triomphé, — mais
Mon adversaire, au jour de l'échéance,
Me dit : bonhomme, espérez désormais...
J'espère... et suis plus gêné que jamais...
 J'ai du bonheur et pas de chance.

L'âge m'arrive — et pourtant au piquet
Plus d'une belle en secret me préfère
A l'étourneau, novice freluquet,
Qui moins que moi prouve son savoir-faire.
J'ai constamment beau jeu... Dieu ! n'est-ce pas
Que l'on s'y prête un peu par complaisance ?
Plus humble alors, annonçons, mais bien bas,
Quinte, quatorze et le point... En tout cas,
    J'ai du bonheur et pas de chance.

J'ai, dans Paris, comme spéculateur,
Un beau terrain, bien posé, je m'en vante !
Et chaque année il double de valeur,
Mais maint obstacle en ajourne la vente.
On y pourrait bâtir avec raison,
Et son produit me vaudrait de l'aisance;
Au lieu d'y voir surgir une maison,
Les chardons seuls y poussent à foison...
    J'ai du bonheur et pas de chance.

Je vous l'ai dit, j'ai du succès au jeu.
Dieu sait qu'hier il me fut favorable...
Dix mille francs, certes, ne sont pas peu
Pour qui désire être moins misérable;
Mais un filou, par mon or alléché,
Quand je rêvais bien-être, jouissance,

Me vole, puis, dans son coin retranché,
M'éreinte encor par-dessus le marché...
    J'ai du bonheur et pas de chance.

Quelques amis ont dit que mon bonheur,
Grâce au hasard, témoignait de ma chance.
Oui, j'en conviens, si plus ferme en couleur
J'eusse mieux fait ressortir leur nuance.
Que voulez-vous? Par le sort bien traité,
J'y réponds mal, et manque de puissance...
Vous m'en voyez confus, en vérité !
Mais tel je suis, tel j'ai toujours été :
    J'ai du *bonheur* et pas de *chance*.

D. Thiébaux,
Membre titulaire.

MINE ET AIR

Air de Pilati.

Muse, aide-moi, de synonymes
Un tournoi se donne au Caveau ;
Pour lutter je cherche des rimes,
Et me creuse en vain le cerveau :
Que ta verve folle et mutine
En fasse jaillir quelque éclair.
Il faut toujours payer de mine,
Quand d'être aux abois on a l'air.

L'apparence est souvent trompeuse,
Et le synonyme, menteur ;
La facilité radieuse
Ne traduit pas le vrai bonheur.
Satan nous tente et nous fascine ;
L'adage dit : « Faible est la chair. »
L'homme, qui d'un saint prend la mine,
D'un faux dévôt souvent à l'air.

Ce faquin, aux moustaches rousses,
Qu'on croit riche, et qui n'est qu'un gueux,

A plus d'un huissier à ses trousses,
Et n'est pas moins présomptueux :
Dans son blason on voit l'hermine,
Et l'or briller avec le vair ;
D'un lord anglais s'il prend la mine,
D'un rusé faiseur il a l'air.

Du banquet le plus confortable,
L'autre jour, je prenais ma part ;
De loin j'aperçus sur la table,
Certain poulet, cuit avec art.
Dès que ce mets de Cochinchine
Fut apprécié par mon flair,
Si, d'un gourmand j'avais la mine,
D'un gourmet trompé j'avais l'air.

Peu clairvoyant et sans finesse,
Raymond prit femme à soixante ans :
Il s'assurait, pour sa vieillesse,
Beaucoup d'amis, des soins constants.
Six mois après, grâce à Lucine,
Il eut un rejeton bien cher ;
Un doute apparut sur sa mine,
Et d'un Jobard il avait l'air.

Paméla fait la renchérie,
Refusant tous les prétendants ;

Autour d'elle tout se marie ;
Elle veillit avant le temps.
A coiffer sainte Catherine
Est voué ce tendron si fier;
Chacun, en contemplant sa mine,
Déjà lui trouve un drôle d'air.

Paul, courant après la fortune,
Explora des déserts lointains,
Croyant découvrir quelque dune
D'où l'or s'extrait à pleines mains ;
Mais une fièvre scarlatine
Devient son trésor le plus clair ;
Ce pauvre mineur fit la mine.
Quand d'un revenant il eut l'air.

Moins ambitieux et plus sage,
Je préfère la pauvreté ;
Jamais le plus léger nuage
Ne vient obscurcir ma gaîté.
Je vis dans mon humble chaumine,
Heureux autant qu'un duc et pair ;
On peut bien le voir à ma mine :
D'un bon vivant, n'ai-je pas l'air ?

Onésime Le Vaillant,

Membre correspondant.

VOIE ET MOYEN

Air : *Dans un grenier qu'on est bien à vingt ans.*

Cette saison, la reine de l'année,
Nous voit unis, dans ce joyeux festin,
Porteurs, chacun, d'un mot dont la donnée
Est un caprice... un jouet du destin !
Tel réussit... tel autre se fourvoie,
Qui n'est pas moins un très bon citoyen ;
Aussi, du sort l'un doit bénir la voie,
L'autre, en riant, maudire le moyen !

Dans mon printemps... certain jour où la neige
Ne laissait point, en moi, voir un barbon,
Je n'enviais, pour prendre un bain de siége,
D'eau qu'une voie, et six sous de charbon !
J'étais à sec... D'un fils de la Savoie
Je dus subir le dur refus !... Et, bien
Que connaissant le moyen et la voie,
Il me manqua la voie et le moyen !

Quand l'homme atteint l'âge où l'intelligence,
Libre en son cours, peut diriger le cœur,

Pour un instant, abdiquant sa puissance.
Dieu veut qu'il doive à lui seul son bonheur ;
Mais ce bonheur, qui séduit... qui chatoie,
Où le trouver, sans un guide... un soutien !
La vertu dit : Je suis la seule voie !...
Et l'or reprend : Je suis le seul moyen !...

A Zoé lasse et du nom de grisette,
Et d'un garni dans le quartier latin,
Angélina, sémillante lorette,
Disait : Suis-moi dans le quartier d'Antin ;
Pour tes attraits l'or !... le velours ! la soie !
Seront le prix d'un facile lien...
N'hésite pas... Breda-Streeck est la voie,
Un cœur de marbre ensuite est le moyen !

Je conçois peu, disait certain bohême,
Cette terreur qu'inspire un créancier ;
J'en ai beaucoup... ils sont la douceur même :
Quand, par hasard, l'un d'entre eux veut crier,
Loin de répondre, alors qu'il me rudoie,
Pour éviter un pénible entretien,
Je lui fais voir la porte... c'est la voie,
Puis un gourdin... et voilà le moyen !

Fier du reflet d'une flamme caduque,
Un ancien beau, s'abusant quelquefois,

Dans son cerveau, qu'abrite une perruque,
Ose aspirer à de galants exploits:
Mais certain dieu, qui s'en donne à cœur joie,
S'il peut prêter à rire de l'ancien,
Du gai champ clos lui découvre... la voie,
Sùr que de vaincre il n'a plus le moyen !

Un grand guerrier, qui, par sa renommée.
Sut se placer au niveau des Césars,
D'un mot...d'un geste... enflammait son armée,
Et lui faisait affronter les hasards :
Voyez cet aigle, au regard qui foudroie !
Lui disait-il, d'un air olympien,
Son vol hardi vous indique la voie !...
Soldats ! à vous, de trouver le moyen !...

Un mot donné peut-il donc du Parnasse
A son auteur faciliter l'accès ?
Je crains alors de n'y pas trouver place,
Car j'ai rongé mon frein sans nul succès;
Plus d'un de vous, dont la verve se ploie
A tout sujet, aurait dû, bon chrétien,
Du double mont me désignant la voie,
De le gravir me donner le moyen !

A. SALIN,

Membre honoraire,

CHARME ET ATTRAIT

Air : *Et voilà comme tout s'arrange.*

J'étais fluet, j'étais mignon,
J'avais vingt ans, c'est un bel âge.
Quand l'amour, en vrai polisson,
Dans mon cœur vint faire tapage.
Chez la femme, tout m'enivrait ;
Le plaisir chassait les alarmes,
Aujourd'hui je suis plus discret :
L'amour a bien le même attrait,
Mais ses tourments ont moins de charmes.

En ce temps-là, sous les grands bois,
Dans les prés verts, sous les charmilles,
Je savais réduire aux abois,
Sans me lasser, femmes et filles...
Mon ardeur, que rien n'arrêtait,
Osait braver jusqu'aux gendarmes.

3

Pour un désir non satisfait,
Le danger a bien quelque attrait,
La conséquence a moins de charmes.

Des bals enivrants du Prado,
De Mabille et de la Chaumière,
De l'Odéon, Valentino,
Je fus longtemps le tributaire.
Pour la grisette qui trônait
Au milieu du bruit, du vacarme,
Avec bonheur on se bûchait :
Le bal a toujours son attrait,
Un bon atout a moins de charme.

Je suis jaloux de ce soldat,
Qui, grâce à son bel uniforme,
Se carre en tenant sous le bras
Une bonne à robuste forme ;
Mais en songeant qu'il me faudrait,
Chaque jour, me mettre au port d'armes,
A combattre être toujours prêt :
Si la *bobonne* a son attrait,
L'exercice a bien moins de charmes.

Lise, qu'un doux espoir conduit,
De temps en temps, par habitude,
Revient à mon humble réduit,
Pour en charmer la solitude.

Mais comme Lise en revendrait,
Sur certain point à plusieurs carmes.
Je le dis à mon grand grand regret :
Si sa présence a de l'attrait,
Un long séjour a moins de charmes.

Un mari, tant soit peu rageur,
Naguère de dame Justice
Réclamait un arrêt vengeur
Contre sa femme et son complice :
L'Ange déchu priait, pleurait,
Son beau regard, baigné de larmes,
Pour les juges qu'elle implorait,
Devait avoir beaucoup d'attrait,
Mais pour l'époux bien moins de charmes.

Avec deux mots fort attrayants,
Je croyais faire une merveille ;
Je rêvais de couplets charmants,
Tout déconfit je me réveille :
Au moment de saisir le trait,
La rime absente me désarme ;
J'ai beau lui chercher un apprêt,
Tout en ne manquant pas d'attrait,
Ma chanson aura peu de charme.

S. DUPLAN,

Membre titulaire.

ADRESSE ET HABILETÉ

Air : *De ma Céline amant modeste.*

Notre langue de mots fourmille
De même définition,
Qui, sur une pointe d'aiguille,
Nous mettent à la question.
Au fait, pour moi, je le confesse,
Il n'est pas toujours constaté
Que l'homme habile a de l'adresse,
L'homme adroit, de l'habileté.

Homme de lettres, sans nul doute,
Est synonyme de *facteur* (1) ;
Le *rapin*, débitant de *croûte* ;
Le feuilletonniste, *blagueur* ;
Taglioni, c'est la *souplesse* ;
Bridoison, c'est l'*âne bâté* ;
Léotard, la *force* et l'*adresse*,
Et Figaro, l'*habileté*.

(1) M. Roger, académicien, auteur de l'*Avocat*, pièce restée au répertoire du Théâtre-Français, était directeur des postes sous Charles X, et, à raison de son influence connue sur les élections académiques, on disait qu'il gouvernait les lettres et les belles-lettres.

Crockett par ses pensionnaires
N'a pas encore été croqué ;
Malgré ses soins préliminaires,
Il fait un métier fort risqué.
Près de gaillards de cette espèce,
Il faut de la dextérité ;
Il les manie avec adresse,
Les dompte avec habileté.

Si Paris offre le spectale
Et des talents et des vertus,
Il est aussi le réceptacle
Des coquins les plus résolus.
Mais la police a leur adresse,
Et les pince avec volupté :
S'ils ont infiniment d'adresse,
Elle a beaucoup d'habileté.

Chez le bon époux de Julie,
Albert, en intrigant fieffé,
Fait le beau temps et fait la pluie,
Et tout le monde en est coiffé :
Bien accueilli par la maîtresse,
Du maître il n'est pas moins goûté ;
C'est qu'il découpe avec adresse,
Et flatte avec habileté.

Des matelots, dans la tempête,
Des saints invoquaient le secours ;

« Bah ! dit le patron, que c'est bête
« A sainte Adresse ayez recours. »
Ils sont sauvés... De *Sainte-Adresse*
Au pays le nom est resté (1);
Cet appel fait à leur adresse
Ne manquait pas d'habileté.

Vous, qui d'amoureuse aventure
Faites chaque jour vos soucis,
Jeunes gens à la verte allure,
Ne soyez point amants transis.
Vous pourriez voir votre déesse
Railler votre ingénuité;
Elle résiste avec adresse,
Et cède avec habileté.

Amis, dans vos joyeux cénacles,
Au sein de plantureux banquets,
Vous célébrez, sans nuls obstacles,
Les plus difficiles sujets.
De ma muse, hélas ! la faiblesse,
Malgré tout son zèle, a traité
Très maladroitement l'*adresse*,
Très gauchement l'*habileté*.

A. FOURNIER,
Membre honoraire.

____

(1) *Sainte-Adresse*, près le Havre (historique).

FAÇON ET MANIÈRE

Air : *Un homme, pour faire un tableau.*

En ce monde, sachant combien
Le bon grain se mêle à l'ivraie,
Cherchons, pour atteindre le bien,
Quelle est la route la plus vraie:
Mais avant tout reconnaissons
Que, pour échapper à l'ornière,
S'il existe bien des façons,
Il n'est qu'une bonne manière.

Que de gens, dont l'unique soin
Est d'arriver à la fortune,
N'hésiteront pas, au besoin,
A faire des trous à la lune.
Pour être à l'abri des soupçons,
Surtout en pareille matière,
S'il existe bien de façons,
Il n'est qu'une bonne manière.

Chacun court après le plaisir
Avec une audace intrépide,
Espérant toujours le saisir,
Bien qu'il s'enfuit d'un vol rapide;
Mais en ces lieux, nous le fixons :
Pour le ranger sous sa bannière,
S'il existe bien des façons,
Il n'est qu'une bonne manière.

Certaine femme portera
Un schall de laine qu'on admire,
Tandis que cette autre sera
Commune avec un cachemire :
Pour draper ces caparaçons
Dont la beauté se montre fière,
S'il existe bien des façons,
Il n'est qu'une bonne manière.

.Pour les hommes, jeunes ou vieux,
L'amour est une grande affaire :
C'est un besoin impérieux!
On l'a fait et l'on veut le faire :
Sous les rideaux, sous les buissons,
Avec marquise ou cuisinière,
S'il existe bien des façons,
Il n'est qu'une bonne manière.

De nous devrait-on abuser ?
La charité vient nous apprendre
Qu'il ne faut jamais refuser
Un service que l'on peut rendre :
Pourtant, quand nous élargissons
Les cordons de notre aumônière,
S'il existe bien des façons,
Il n'est qu'une bonne manière !

En voyant de quelle façon,
J'ai traité *façon* et *manière*,
Je crains bien qu'en fait de chanson
On n'adopte pas ma manière ;
Comme vous, pour filer les sons
D'une musette chansonnière,
S'il existe bien des façons,
Il n'est qu'une bonne manière.

Louis PROTAT,
Membre titulaire, Président.

CASQUETTE ET CHAPEAU

Air d'*Octavie*.

Tel ici-bas fait choix de la casquette,
Tel ici-bas adopte le chapeau :
Chacun de nous prend coiffure à sa tête
Dans ce qu'elle a d'utile ou bien de beau.

Pour que l'on dise : il a de la cervelle,
Ce beau gandin, de sottise crèvant,
Couvre son front d'un long tuyau de poèle,
Et qui pourtant ne contient que du vent.

Si les titis préfèrent la casquette,
C'est que, sans doute, ils ont eu pour raison
De mettre au chaud mainte petite bête,
Qui vient toujours y tenir garnison.

Nos officiers ne portent ce beau claque
Qui va pointant sa corne avec orgueil,
Que dans le but de brusquer une attaque
Près du beau sexe en lui donnant dans l'œil.

C'est la casquette encor qui semble plaire
Au vieil aveugle à la plaintive voix :
Elle est pour lui casque de Bélisaire,
Le trône où vient casquer le bon bourgeois.

Tous nos curés sont armés de tricornes,
Afin de faire enrager de leur mieux
Le vieux Satan, qui, leur voyant trois cornes,
Se mord les doigts de n'en porter que deux.

Le voyageur, coiffé de la casquette
S'endort, moulu, dans le coin d'un wagon ;
Il va rêver, bercé sur la banquette,
Les plis moelleux du bonnet de coton.

Le bon gendarme étant l'homme des veilles
Qui nous protége, hélas ! a dû choisir
Le grand chapeau, qui, sur les deux oreilles,
Doit l'empêcher en tout temps de dormir.

Napoléon, de conquête en conquête,
Fit glorieux certain petit chapeau ;
Et de nos jours, la modeste casquette
Vint s'illustrer, grâce au père Bugeaud.

Enfin, nous tous, amis de l'étiquette,
Amis aussi des bons vins bus sans eau,
Nous emportons parfois une casquette,
Que nous couvrons gravement d'un chapeau.

Tel ici-bas fait choix de la casquette,
Tel ici-bas adopte le chapeau :
Chacun de nous prend coiffure à sa tête
Dans ce qu'elle a d'utile ou bien de beau.

MAHIET DE LA CHESNERAYE,
Membre titulaire.

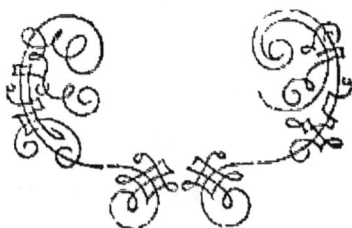

VACARME ET BRUIT.

Air de la *Pipe de tabac*.

Que de tapage en ce bas monde !
Et toujours que de bruit pour rien !
Voyez ce Juvénal qui fronde
Les abus, au profit du bien :
Il a beau faire le gendarme,
De son zèle quel est le fruit ?
A quoi lui sert tout son vacarme,
Le bourgeois n'aime pas le bruit.

Ici, c'est un mari colère,
Car madame lui fait des traits ;
Mais, bah ! la belle persévère
Dans ses amours de freluquets.
Vainement, brave comme un carme,
Il fait son devoir chaque nuit ;
Qu'il cesse plutôt son vacarme,
Madame n'aime pas le bruit.

4

Que le czar au plus vite cesse
De massacrer les Polonais,
Car l'humanité vengeresse
Déjà fait appel aux Français !
Ah ! si la vieille Gaule s'arme,
Si ce jour mémorable luit,
On verra que notre vacarme
Ne produira pas que du bruit.

La France est la Reine du monde,
Et, pour punir les oppresseurs,
Toujours cette terre féconde
Enfante des héros vengeurs !
Mais, à ce tableau plein de charme,
Je m'arrête ; — la rime fuit...
Que le champagne, à mon vacarme,
Succède avec son joyeux bruit.

P. BRUNEL,

Membre associé.

GLOIRE ET HONNEUR.

Air : *Mon père était pot.*

Suivant comme on a fait son lit,
    Ici-bas on se couche :
C'est un proverbe qui l'a dit,
    Ceci chacun nous touche ;
        Si l'homme ignoré
        S'élève illustré,
    Il est digne de gloire !
        Puis, s'il a du cœur,
        Il a de l'honneur,
    Vous pouvez bien le croire.

Ce parvenu, tout comblé d'or,
    De plus en plus cupide,
A cent fois doublé son trésor,
    De façon si rapide ,
        Qu'il croit, vaniteux,
        Cessant d'être gueux,

En tirer quelque gloire;
Mais l'homme d'honneur.
L'appelle voleur,
Vous pouvez bien le croire.

Qui n'a connu maint fanfaron,
Parler de son courage,
Se poser partout en lion
Avide de carnage.
Devant l'ennemi,
Jamais à demi,
Il ne prend de la gloire,
C'est beau, mais d'honneur !
Ce n'est qu'un blagueur,
Vous pouvez bien le croire.

Dans un temps, certe où la raison
Brillait par son absence;
Galilée est mis en prison,
Martyr de sa science;
Ce siècle éclairé
L'aurait honoré,
Eût reconnu sa gloire,
Et, plein de splendeur,
L'eût mis en honneur,
Vous pouvez bien le croire.

Reçu docteur, en débutant,
Je n'avais qu'un malade :

Je prescrivis à mon client
Certaine limonade ;
Survint son trépas,
C'était un beau cas
Qui seul eût fait ma gloire !
Et, sans cette erreur,
Il m'eût fait honneur,
Vous pouvez bien le croire.

Un œil, un bras, un pied de moins,
Le nez et la mâchoire,
Sont de nobles débris, témoins
De plus d'une victoire.
Pour les vrais guerriers,
Ce sont des lauriers
Dont ils se font tous gloire...
Ces titres d'honneur
Me font mal au cœur,
Vous pouvez bien le croire.

. . . .
. . . .
. . . .
. . . .
. . . .
. . . .
. . . .
. . . .
. . . .
. . . .

Quand nous sommes si bien ici,
Que nous faisons ripaille,
Puissent nos soldats, sans souci,
Affrontant la mitraille,
Planter à Puebla,
Comme à Magenta,
Le drapeau de la gloire !
Boire en son honneur,
C'est boire au vainqueur,
Vous pouvez bien le croire.

Mais maintenant que je suis vieux,
Et que le terme approche
De vous faire à tous mes adieux.
Sans crainte ni reproche,
Partant d'ici-bas,
Pour aller là-bas,
Je puis mourir sans gloire ;
Mais au fond du cœur,
J'emporte l'honneur,
Vous pouvez bien le croire !

Alph. Toirac,
Membre titulaire.

ANIMAL ET BÊTE

Air de la *Petite sœur*.

C'est à tort que Boiste nous dit :
« *Bête, animal*, c'est synonyme, »
Moi, sans être un grand érudit,
Je conteste cette maxime ;
Au-dessous de l'homme je mets
Force natures incomplètes,
Avec Boiste même j'admets
Que *bête* est un *animal*, — mais
Les Animaux ne sont pas bêtes !

Remarquez, en vous promenant,
Les hôtes du Jardin des plantes :
Ils sont là, mangeant, badinant,
Comme bourgeois ayant des rentes.
Voyez se rouler sur le dos
L'Ours venu du cap des Tempêtes,
Il émerveille les badauds
Pour leur soutirer des gâteaux...
Les Animaux ne sont pas bêtes !

Au théâtre de Guignolet,
RATON, que le diable apostrophe,
N'est-il pas le type complet
Du penseur et du philosophe ?
Indifférent aux grands duels
Des petites marionnettes,
Il semble plaindre les mortels
D'aimer tant... les Polichinels :
Les Animaux ne sont pas bêtes !

L'Égypte a mis au rang des dieux
Le Bœuf, l'Ibis, le Crocodile,
Savons-nous de nos grands-aïeux
Les préjugés et les mobiles ?
Depuis, dans un rapide essor,
L'esprit fit d'immenses conquêtes,
Malgré ça, de nos jours encor,
N'adorons-nous pas le *Veau d'or ?*
Les Animaux ne sont pas bêtes !

Près des vieux étangs, le Castor
Vit et meurt comme un patriarche.
Sans outils, cet adroit Nestor
Solidement assied son arche.
Plus d'un constructeur parisien,
Faisant d'ignobles maisonnettes,
Devrait consulter, bel et bien,
L'architecte canadien :
Les Animaux ne sont pas bêtes !

En foire, l'on montre souvent
Le Lapin qui bat de la caisse,
Le fin Renard, l'Ane savant,
Le Boa souple et plein d'adresse.
On connaît l'esprit de Joko,
Du Caniche on sait les courbettes :
Bref, devant le grand Munito
Eût pâli l'abbé Domino,
Les Animaux ne sont pas bêtes !...

L'homme mange et boit sans désir,
Contre ses penchants il complote,
Il veille quand on doit dormir ;
Il fait l'amour lorsqu'il grelotte.
Malgré les mets les plus tentants,
La *brute*, en ses instincts honnêtes,
Boit, mange et sommeille en son temps,
Et ne fait l'amour qu'au printemps...
Les Animaux ne sont pas bêtes !

Savant conteur, esprit charmant,
Toussenel (1) à son auditoire
Dit, fort bien, et logiquement :
L'esprit des bêtes est notoire.

(1) Auteur d'un livre spirituel, intitulé : L'Esprit
des Bêtes.

Sans traiter le sujet à fond,
Nous, brodeurs de mots, de sornettes,
Disons, sur ce sujet profond,
Avec LAFONTAINE et BUFFON :
Les Animaux ne sont pas bêtes !

Louis FESTEAU,
Membre honoraire.

∧∧∧∧∧∧∧∧∧∧∧∧∧∧∧∧∧∧∧∧∧∧∧∧∧∧∧∧∧∧∧∧∧∧

GORGE ET SEIN

Aɪʀ : *Un sage habitait la chaumière.*

Gorge, blanche comme l'albâtre,
Est un trésor bien précieux,
Notre sexe en est idolâtre,
Et lui rend hommage en tous lieux
Mais, sous l'habit ou la soutane,
Le plus vertueux des humains,
Chose étrange ! devient profane,
Lorsqu'il adore trop les seins.

Tartufe, apercevant Dorine,
Lui dit : Ah ! prenez ce mouchoir ;
Cachez cette gorge divine,
Dont l'aspect pourrait m'émouvoir.
Elle répond : Quelle faiblesse !
Seriez-vous nu du haut en bas,
Que votre sein, je le confesse,
Monsieur, ne me tenterait pas.

Dans Athènes, à l'audience,
Phryné, lorette du grand ton,
Allait entendre sa sentence,
Quand son avocat, nous dit-on,
Découvre un beau sein ! On s'écrie :
Peut-on condamner tant d'attraits !
Sans une gorge rebondie,
La dame eût perdu son procès.

Pour obtenir bijoux, dentelle
En échange d'une faveur,
Adroitement, certaine belle
Découvre un sein provocateur ;
Puis nous enlaçant d'un air tendre,
Il faut bien céder à tout prix !...
L'homme ne peut plus se défendre
Lorsque par la gorge il est pris.

Une charcutière coquette,
Dont la gorge était faite au tour,
Avec son garçon, en cachette,
Trompait son mari nuit et jour.
Celui-ci, surprenant l'infâme,
Frappe l'amant de mille coups,
Au moment où pressant sa femme,
Il s'écriait : Dieu ! quel sein doux !

Hélas! en dépit de mon zèle,
Je n'ai pu, modeste rimeur,
Faire une peinture fidèle,
D'un double mot, bien séducteur...
Vous devinerez, je le gage,
Que j'eusse été plus satisfait,
Si j'avais pu, malgré mon âge,
Mieux saisir mon joli sujet.

Lyon,
Membre titulaire.

ROSETTE ET FAVEUR

Air : *Vaudeville de l'Apothicaire*.

On m'a donné le mot Faveur,
On m'a donné le mot Rosette,
Deux synonymes qui font peur
A qui les met en chansonnette ;
Pour pouvoir, sans trop de lenteur,
Classer ces deux mots dans ma tête,
J'ai, pour tracer le mot faveur,
Pris de l'*encre de la Rosette*.

Rosette, un minois enchanteur,
Voulait avec moi rester sage ;
Mais je lui pris une faveur
Qui seule fermait son corsage.
Cela redoubla mon ardeur,
Et précipita sa défaite ;
J'obtiens, grâce à cette faveur,
Toutes les faveurs de Rosette.

Cependant l'argent nous brouilla,
Rosette adorait la musique,
Et j'étais sans le sou pour la
Conduire à l'Opéra-Comique.
Mais je fus chez le directeur,
Et lui présentant ma requête,
J'obtins un billet de faveur
Qui me rattacha ma Rosette.

De ce directeur égrillard
Rosette devint la maîtresse :
Et ce fut elle qui, plus tard,
Fit jouer ma première pièce.
Mais, si de passer j'eus l'honneur,
Je fus, regrettant la coquette,
Heureux de mon tour de faveur,
Malheureux du tour de Rosette.

Prix du travail ou prix du sang,
Une Rosette récompense
Ou le courage ou le talent
De ceux qui s'illustrent en France.
Mais, sans courage et sans labeur,
Combien de gens ont des brochettes,
Et ne doivent qu'à la faveur
Leur trop grand nombre de rosettes.

La Rosette, au grand Opéra,
Avait, pour la mettre en lumière,
Des Messieurs qui la prônaient là,
Et par devant et par derrière ;
C'étaient de hardis cabaleurs,
Mais, certe, une danseuse honnête
N'aurait pas voulu des faveurs
De ces Messieurs de la Rosette.

Mais c'est assez parler faveurs,
Mais c'est trop parler de rosettes ;
A force de parler faveurs,
A force de parler rosettes,
J'embrouille toutes mes faveurs,
J'embrouille toutes mes rosettes,
Les rosettes de mes faveurs,
Et les faveurs de mes Rosettes.

CLAIRVILLE,
Membre titulaire.

POUVOIR ET PUISSANCE

Air : *La bouche et la main* (Douvé.)

Maîtres, avec vous dans la lice
Je suis bien faible pour jouter.
Et vous me donnez par malice
Pouvoir et *puissance* à traiter.
C'est en tremblant que je commence,
Car pour lutter il faut avoir
De votre force la puissance,
Et de votre esprit le pouvoir.

Dieu, dans sa bonté tutélaire,
Nous a donné la faculté
De faire bien ou de mal faire
Avec entière liberté.
Mais la charité, la prudence
Viennent nous tracer un devoir :
Pour faire aimer notre puissance,
N'abusons jamais du pouvoir.

Hier, aux Français, dans l'ivresse,
J'applaudissais mon Beaumarchais,
Quand Figaro, plein de finesse,
Dit : Je voulais écrire.— Mais
Tout s'imprime avec bienveillance,
Toute plume peut se mouvoir,
Sans parler d'aucune puissance,
Et sans rien dire du pouvoir.

Lorsqu'un adversaire intraitable
Nous oblige à suivre un procès,
Au Palais tout est contestable,
On attend longtemps un succès.
Il faut, pour plaider avec chance,
Risquer parfois tout son avoir,
Pour que du bon droit la puissance
Obtienne un arrêt du pouvoir.

Mes vœux sont pour qu'en ce bas monde
Tous les humains vivent en paix :
Ce n'est pas le sang qui féconde,
Et qui rend les blés plus épais.
Quand le czar, par son imprudence,
Excite un peuple au désespoir,
Tâchons d'éclairer sa puissance,
Et d'humaniser son pouvoir.

Sans ambition sur la terre,
Je veux rire, boire et chanter,
Et du seul titre de trouvère
Savoir toujours me contenter.
Près du Juge par excellence
Lorsque je devrai me pourvoir,
Je n'aurai pas de la puissance
A rendre compte à son pouvoir.

ALLARD-PESTEL,

Membre associé.

RÉVÉRENCE ET SALUT

Air de Pilati.

Aujourd'hui, nous chantons ensemble
Des mots accouplés deux par deux ;
Cette difficulté me semble
D'un effet pittoresque, heureux ;
Nous aurons moins de somnolence
Qu'on en éprouve à l'Institut,
Où chacun fait la révérence,
Et s'endort après son salut.

Symbole de la politesse,
Les deux mots qui me sont échus
Exigeraient beaucoup d'adresse
Pour être exactement rendus ;
Il existe une différence
Dans leur sens et leur attribut :
Le respect fait la révérence,
L'amitié vous donne un salut.

Lorsqu'avec gentille lorette
Vous dansez une mazurka,
Vos louis, qui font sa conquête,
A leur tour dansent la polka ;
Pour partager votre opulence
Avec grâce, dès le début,
Elle vous fait la révérence :
Or, à bon entendeur salut !

Ce voleur pris par la police,
Prenant un air intéressant,
Se pose devant la justice
Comme un personnage innocent ;
Lorsqu'il arrive à l'audience,
En vain au grave substitut
Il fait une humble révérence :
Pour le crime point de salut !

Devant Piron, avec emphase,
Un poëte chanta des vers,
Qu'il avait, pour orner sa phrase,
Pillés à des auteurs divers :
Et lorsque, dans cette occurence,
A chaque vers qu'il reconnut,
Piron faisait la révérence,
L'autre lui rendait son salut.

J'ai trop failli, je vous l'accorde,
Mais Dieu, dit-on, n'est pas méchant :
A tout péché miséricorde !
Je veux me livrer au plain-chant :
Après bien longue pénitence,
A saint Pierre, en touchant le but,
J'irai tirer ma révérence,
Tout fier d'avoir fait mon salut.

J'écris des vers pour me distraire,
Comme Chapelle au temps jadis,
Et si je les voulais mieux faire,
Je crois que ce serait bien pis ;
Quand je rime avec négligence,
Vous pourriez tous, me crier : chut !
Mais si je fais la révérence,
C'est pour avoir votre salut.

J. LAGARDE,

Membre titulaire.

CORBEILLE ET PANIER

Air du *Code et l'amour*.

Tous les ans, pour sujets de rimes,
Au hasard nous tirons des mots :
Aujourd'hui, grâce aux synonymes,
Le sort voulut doubler nos maux.
En vain je me gratte l'oreille ;
Morbleu ! je ne suis pas vannier,
Et donnerais bien la Corbeille
A qui me prendrait le Panier.

Je savais, ne vous en déplaise,
A deux ans, mon A B C D ;
Ami de la gaîté française,
A cinq, je récitais *Vadé* ;
A douze, mon esprit s'éveille
Aux joyeux chants de Désaugier ;
Je recueillais dans ma Corbeille
Ce qu'il semait à plein Panier.

De la nature la sagesse,
En nous donnant la vie à bail,

Pour exercer notre jeunesse,
Nous fait une loi du travail.
Ainsi la vigilante abeille,
Au premier souffle printanier,
Quand Flore étale sa Corbeille,
A soin de garnir son Panier.

Est-il tableau plus respectable
Que celui d'un couvert bien mis,
Où le bon vin rassemble, à table,
Un cénacle de francs amis ?
Mais, sans trop fêter la bouteille,
J'attends, en prudent chansonnier,
Le vin penché sur la Corbeille,
Et laisse le vin du Panier.

A cet enfer qu'on nomme Bourse,
Ayant perdu bois et châteaux,
Dorval n'avait plus pour ressource
Que de bien maigres capitaux ;
Mais sa rage, toujours pareille,
Le laisse enfin sans un denier,
Et, près de l'affreuse Corbeille,
Il reste sot... comme un Panier.

Mesdames, sur vos crinolines,
Quoiqu'on plaisante à qui mieux mieux,

Cette mode, des plus badines,
Saura toujours plaire à nos yeux;
Au reste, elle est déjà bien vieille,
Puisque, avant le siècle dernier,
La future, dans sa Corbeille,
Trouvait un immense Panier.

Sur le voisin chacun spécule,
Croyant que l'or fait le bonheur,
Et veut accroître son pécule,
Fût-ce au prix même de l'honneur !
Tel est, malgré qu'on le surveille,
Ce trop habile cuisinier,
Qui, pour arrondir sa Corbeille,
Fait danser l'anse du Panier.

La Corbeille d'architecture
Pourrait trouver sa place ici,
Et plus d'un Panier, je vous jure,
Pourrait y figurer aussi.
Mais la prudence me conseille
De renverser mon encrier ;
Ce que je mets dans la Corbeille
N'est bon qu'à jeter au Panier.

Paul Van Cleemputte,
Membre titulaire, Vice-président.

SERVICE ET BIENFAIT

AIR : *J'arrive à pied de province.*

Mathieu prétend que sa femme
    Est riche en vertu,
Que pour lui seul de la dame
    Le cœur a battu.
Lui peindrai-je l'artifice
    De son tendre objet?
Parler serait un service,
    Se taire un bienfait.

Que quelque souci m'oppresse,
    Je prends un journal ;
Quel service si la presse
    Distrait bien ou mal !
Mais que l'ennui qui s'y glisse
    M'endorme d'un trait,
Je ne dis plus : quel service !
    Je dis : quel bienfait !

Paul, pour monter une affaire,
    A besoin d'argent,

Et c'est en moi qu'il espère
    Dans ce cas urgent.
Paul, en affaires novice,
    S'y ruinerait ;
Lui refuser ce service
    Est un grand bienfait !

Fanny, toujours infidèle
    A son vieux Dandin,
Fut de constance un modèle
    Avec un blondin.
Je m'explique ce caprice :
    Elle eut, en effet,
De l'un un mauvais service,
    De l'autre un bien fait.

Certain fâcheux, dans la gêne,
    Me poursuit partout,
Prêtons-lui vingt francs sans peine,
    Et j'en viens à bout.
Dès lors, par un sort propice,
    Plus il ne paraît ;
Risquons ce léger service
    Pour un tel bienfait !

HENRI GILLET,

Membre associé.

~~~~~~

GLACE ET MIROIR

POT-POURRI.

AIR : *De ma Céline amant modeste.*

Lorsque j'entre dans cette lice
Avec ma glace et mon miroir,
Tâchons, plus adroit que Jocrisse,
De ne pas les briser ce soir :
Miroitier, je suis bien sincère,
Ils m'eussent moins inquiété ;
Car comme ils ont l'éclat du verre,
Ils en ont la fragilité.

AIR du *Fleuve de la vie.*

Quand les a-t-on vus se produire ?
Je l'ignore complétement;
S'il est un saint qui peut le dire,
C'est saint Gobain assurément.
Mais si j'en crois certain indice
Qui ne saurait être douteux,
Ils étaient inconnus tous deux
    Du temps du beau Narcisse !

Air du *Dieu des bonnes gens*.

Mais, direz-vous, réflexion fort sage,
Quand on n'avait que le miroir des eaux,
Et qu'on voulait se raser le visage,
Il fallait donc recourir aux ruisseaux !
On empruntait la main de son semblable,
Comme on le fait ici dans bien des cas :
Ou bien encore, et c'est plus vraisemblable,
   On ne se rasait pas !

Air de *Fanchon*.

   En dépit de sa gêne,
   Mademoiselle Hélène
     Voudrait briller
     Sans travailler :
   Si sa vertu se lasse
Un jour, et c'est là son espoir,
   Il faudra que la glace
   Remplace le miroir.

Air de l'*Apothicaire*.

L'omnibus, le chemin de fer,
Que l'un ou l'autre vous promène,
Vous procureront des coups d'air,
Quel que soit le soin que l'on prenne.

Rien ne peut vous en préserver,
Car, tout en faisant la grimace,
Quand vous venez de la lever,
Un autre baissera la glace !

Air : *J'étais bon chasseur autrefois.*

Ne pouvant rien faire de mieux,
Des femmes, tant soit peu légères,
A se bichonner devant eux
Passeront des heures entières ;
Puisqu'elles aiment à se voir
Ces intéressantes poulettes,
On devrait les prendre au miroir,
Comme l'on prend les alouettes.

Air : *Et voilà comme tout s'arrange.*

Un chat, étonné de se voir
Reproduit de cette manière,
Tournait tout autour d'un miroir,
Croyant y trouver un confrère :
Minet, de plus en plus surpris,
Ne savait que penser, que faire,
Quand, par la faim se sentant pris,
Il alla guêter les souris,
Qui faisaient bien mieux son affaire !

Air de la complainte de *Fualdès*.

Ces meubles, il faut le dire,
D'un usage général,
Dans n'importe quel local
Quelquefois sans vouloir nuire,
Causent du désagrément
Vous allez savoir comment.

Air de l'*Artiste*.

Un jeune militaire
Près de son officier,
Un jour se mit à faire
Ce geste familier (1),
Ce fantassin cocasse
Fut, que c'est triste, hélas !
Trahi par une glace,
Qu'il n'apercevait pas.

Air : *Et ma mère, est-c' que j' sais ça ?*

J'en possède une très vieille,
Et qui longtemps me charma,
Alors je faisais merveille,
Aujourd'hui ce n'est plus ça !

(1) Le pouce sur le nez.

Par un soleil qui me grille,
Ou par un froid rigoureux,
Une glace... à la vanille
Me conviendrait beaucoup mieux !

Air de la *Cachucha*.

Lorsque leur vieillesse réclame
Des soins qu'ils n'auront pas volés,
On les nétoie, on les étame,
Et les voilà raffistolés;
Pour nous quel immense avantage.
Si, prolétaire ou potentat,
Commis, soldat
Ou magistrat,
Lorsque le temps nous flétrit, nous abat,
Il suffisait d'un étamage
Pour nous remettre en bon état.

Air des *Vendangeurs*.

Si mes couplets ne valent rien,
C'est que, croyez-le bien,
Je suis, quand mon esprit s'éteint,
Comme un morceau de verre,
Qui, lorsqu'il est sans tain,
Ne réfléchira guère !

Eugène Désaugiers,
Membre honoraire.

ÉCHANGE ET TROC

Air dérangé par l'auteur des paroles.

Je suis furieux... j'en suffoque,
J'ai beau d'un vieux vin bourguignon
Griser la muse que j'invoque ;
Je reste en proie à mon guignon.
Il faut pour qu'enfin ça s'arrange,
Que par vous il me soit permis
De troquer ou de faire échange
Du lot que le sort m'a remis.

    Je ne pourrai rien faire
    De ces mots malheureux, .
    Je préfère me taire.
    Reprenez-les tous deux !

Du hasard c'est une malice :
Et pense-t-on que moi, marchand,
J'aille tout haut, comme un jocrisse,
Blâmer le change à cent pour cent !

Ce serait par trop de franchise,
De mon état plus fier qu'un coq,
Dût-on me taxer de bêtise,
Je serai muet sur le troc !

     Je ne pourrai rien faire, etc.

Oui, je dois rester bouche close,
Que pourrai-je vous dire, hélas ?
Qu'amour est une douce chose
Qu'on vend et qu'on échange pas ?
Que tout se troque en cette vie :
L'or, l'amitié, le bien, le mal ?
Un tel sujet de poésie
Vous semblerait par trop banal.

     Je ne pourrai rien faire, etc.

Mon cœur se sent pris de tristesse :
Je crains de me voir accuser
D'indifférence ou de paresse...
Mais non ! vous allez m'excuser.
C'est en vain que je me trépane
Pour les traiter en vers badins...
J'ai tout simplement l'air d'un âne
Placé devant deux picotins.

     Je ne pourrai rien faire, etc.

Peut-être voulez-vous entendre
Les douces notes de ma voix ?
A ce désir je vais me rendre :
Dans mes chansons faites un choix.
Quoi ! vous baillez ! je vous dérange...
Pour en finir, je vais en bloc,
Vous rendre ces mots, troc et change,
Certain de ne pas perdre au troc.

Je ne pourrai rien faire
De ces mots malheureux !
Je préfère me taire :
Reprenez-les tous deux.

V. VERGERON,
Membre associé.

TERME ET FIN

Air de la *Famille de l'apothicaire*.

Recevant les mots : Terme et Fin,
Comme titre de chansonnette,
Je me suis mis de suite en train,
Pour faire une œuvre plus complette ;
Et quand j'ai vu, dans un bouquin,
Qu'il est peu de rimes en erme,
J'ai dit : commençons par la fin,
J'arriverai plus tôt à terme.

Dans un théâtre, l'autre soir,
Où l'on jouait pièce nouvelle,
Les auteurs étaient pleins d'espoir,
Voyant la recette aussi belle ;
Mais le public assez mutin
Sent échauffer son épiderme,
Il crie et siffle tant qu'enfin
La pièce succombe avant terme.

Tous nos académiciens
S'occupent d'un dictionnaire,
Et cherchent, en vain, les moyens
De mener à bien cette affaire ;
Chacun, dit-on, soir et matin,
En son cabinet se renferme ;
Hélas ! ils pourront prendre fin,
Avant de parvenir à terme.

Réné, mon voisin, Franc-Comtois,
Est un bien mauvais locataire.
Il demande, tous les trois mois,
Du temps à son propriétaire ;
Celui-ci, prenant l'air bénin,
Se fait sourd, comme le dieu Terme ;
Il ne verra jamais la fin
D'un paiement ni l'acquit d'un terme.

Aujourd'hui finit le printemps,
Et c'est le jour de ma naissance,
J'accomplis soixante-huit ans,
Pour moi le nouvel an commence !
Je viens réclamer du destin
Qui m'a conservé fort et ferme,
Un bail, tel qu'une vis sans fin,
C'est-à-dire sans aucun terme.

Je suis forcé de m'arrêter,
Et c'est un peu par bienséance :
Car il reste encore à citer.
Un mot banni par la décence;
Vous comprenez, j'en suis certain,
Il a pour synonyme germe ;
Heureusement je suis à fin ,
A toute chose il faut un terme.

BOUCLIER.

Membre titulaire,

CORDE ET FICELLE (1)

Air : *C'est l'amour qui dore de reflets joyeux*
(les *Quatre âges du cœur*).

O corde de l'âme,
Qui vibrez en nous ;
Dévorante flamme,
Qui nous brûlez tous,
Dites, dites-nous,
Qui donc êtes-vous ?
Oh ! répondez-nous ;
Qui donc êtes-vous ?

Je suis en toi l'éolienne lyre
Qui chante ou pleure, au vent des passions !
Je suis l'octave où ton clavier soupire
Les mille bruits de tes impressions!

(1) Le mot *Ficelle* entraînant forcément dans les ba-
nalités joviales, je n'ai pas cru devoir le faire entrer
dans mon cadre.

(*Note de l'auteur.*)

Mes cordes sont les vertus et les vices ;
Gloire et fortune, ambition, grandeurs ;
La foi, qui monte aux célestes délices,
Le doute, qui descend aux profondeurs...
     O corde de l'âme, etc.

Je suis le luth qui, sous la main d'Homère,
Fit retentir un si puissant accord,
Que les échos de notre vieille terre
En furent pleins, et tressaillent encor !...
Je suis aussi la voix de l'harmonie,
Douce à pouvoir diviniser des sons !
Et je me mêle aux accents du génie
Pour te donner tes joyeuses chansons !
     O corde de l'âme, etc.

Je suis la corde où vibre un chant de vie !
Je viens, en toi, verser le vœu de Dieu :
Je suis l'Amour ! Homme, je te convie :
Aime et possède ! Ouvre ton être au feu !...
Je te convie aux charmes de la grâce !
Aux voluptés si douces à presser...
A des baisers que le carmin enchâsse !
A des frissons où l'âme vient passer !...
     O corde de l'âme, etc.

Je suis, humain, la fibre d'espérance
Qui te soutient de l'enfance à la mort,

Et qui te fait caresser l'existence,
Même au-delà du redoutable port !...
Je suis, vois-tu, dans ton ciel triste et sombre,
Comme un reflet de l'Être glorieux !...
Tu me poursuis ? Enfant... je suis une ombre...
Ombre, entends-tu ? dont la chose est aux cieux '...

O corde de l'âme,
Qui vibrez en nous !
Dévorante flamme,
Qui nous brûlez tous !
Dites, dites-nous
Qui donc êtes-vous ?
Oh ! répondez-nous ;
Où nous menez-vous ?

A. VILMAY,
Membre associé.

~~~~~~

MARCHE ET DEGRÉ

Air : *De ma Céline amant modeste.*

L'existence est une bascule
Dont le jeu ne s'arrête pas,
Il vous avance, ou vous recule,
Ou est en haut, ou bien... en bas !
A quelque but qu'on veuille tendre,
Comme on est deux, bon gré mal gré,
D'une marche l'un doit descendre,
Quand l'autre monte d'un degré.

Je pénétrais chez une veuve
Par un escalier dérobé,
Lorsqu'un beau jour j'acquis la preuve
Qu'elle avait plus d'un Sigisbé :
J'essayai de faire un esclandre,
Mais je fus bien mal inspiré,
D'une marche je dus descendre,
Quand l'autre montait d'un degré.

Aux élections que la France
Vient de faire, deux candidats,
En tous lieux avaient l'espérance
De faire agréer leurs mandats :
Un seul des deux pouvant prétendre
A l'honneur d'être préféré,
D'une marche l'un dut descendre,
Quand l'autre montait d'un degré.

N'étant presque jamais de garde
Avec mon voisin, en passant,
D'un œil d'envie il me regarde,
Car je monte quand il descend :
Puis, à mon tour, sans plus attendre,
Sitôt que je l'ai rencontré,
D'une marche je dois descendre,
Tandis qu'il monte d'un degré.

Des faveurs l'échelle est glissante :
Chacun cherchant à les ravir,
La lutte devient incessante
Pour qui commence à la gravir ;
De la place, qu'on voulait prendre,
Un plus adroit s'est emparé,
Et d'une marche il faut descendre,
Tandis qu'il monte d'un degré !

Tous ces bébés, que l'on adore,
Sont charmants, mignons et gentils,
Ils le seraient bien plus encore
S'ils restaient constamment petits :
Mais, comme on ne peut pas suspendre
Le vol du Temps suivant son gré,
D'une marche il nous faut descendre,
Tandis qu'ils montent d'un degré !

Combien, au temple de Mémoire,
De leur vivant furent placés,
Qui, par les juges de l'histoire,
En sont brutalement chassés ;
Pour moi, c'est facile à comprendre,
Soit vivant, soit mort, je n'aurai
Pas la moindre marche à descendre,
N'ayant pas monté d'un degré !

Louis Protat,
Membre titulaire, Président.

HORLOGE ET COUCOU

—✿○✿—

Air de Pilati.

Un coucou fut mon héritage,
Ma mère, en mourant, m'a laissé
Ce vieux meuble de son ménage,
Meuble de luxe au temps passé.
Son timbre jamais ne déroge,
Sa robe n'est pas d'acajou,
Pour quelques-uns c'est une horloge,
Pour moi, ce n'est qu'un vieux coucou.

Placé dans sa boîte enfumée,
A tous il fait un bon accueil,
Et de sa voix accoutumée,
En parlant il vous fait de l'œil.
Qu'un époux fasse son éloge,
L'oiseau, caché comme un hibou,
Lui répond, quand sonne l'horloge,
Coucou, coucou, coucou, coucou.

L'amour connaît peu les distances,
Sous ses lois il sait tout ranger,
Par lui naissent les jouissances
Quand sonne l'heure du berger.
L'espérance toujours se loge
Dans le cœur du sage et du fou,
Quand cette heure sonne à l'horloge,
Quand cette heure sonne au coucou.

Il n'a jamais brigué la gloire,
D'orner le fronton d'un château ;
Il préfère, chose notoire,
Un petit coin dans le hameau.
Il ne craint pas qu'on l'en déloge,
Pourtant il est sans garde-fou,
La révolte brise une horloge,
Et respecte le vieux coucou.

Vieux souvenir de mon jeune âge,
Combien je suis heureux de voir
Que, malgré le vent ou l'orage,
Chaque jour tu fais ton devoir.
Aujourd'hui, si je t'interroge
Sur le temps, ce vieux casse-cou,
Tu me réponds comme une horloge,
Et pourtant tu n'es qu'un coucou.

On aime à briller sur la terre,
Souvent on caresse une erreur,
L'on se berce d'une chimère
Qui vous cause quelque bonheur.
Témoin mon portier dans sa loge,
Hargneux autant qu'un loup-garou,
Il est heureux de son horloge,
Qui n'est pourtant qu'un vieux coucou.

Quand le cœur est en harmonie
Avec le reste de nos sens,
En amour comme en poésie
Il faut profiter des instants ;
Mais je raisonne en allobroge,
Dans la crainte d'un contre-coup,
Je veux ce soir, sur votre horloge,
Amis, régler mon vieux coucou.

VASSEUR,

Membre titulaire.

CRUCHE ET POT

Air : *Les Anguilles et les jeunes Filles*.

Vous qui cherchez, comme l'abeille,
Votre butin parmi les fleurs,
De la chanson, fraîche et vermeille,
Vous trouvez à point les couleurs,
Quand vous accourez à la ruche
D'un miel pur solder votre impôt,
Je passerais pour une cruche,
Si je n'emplissais pas mon pot.

Je suis bien loin d'être un ivrogne,
Pourtant, je chéris le bon vin,
Et vous pouvez voir à ma trogne
Que je prise le jus divin :
La comète est ma coqueluche ;
Son vin me rend leste et dispos ;
Et, morbleu, je serais bien cruche
De n'en pas vider quelques pots.

Fillette, écoutez ce proverbe :
Ne jouez pas avec l'amour :
Ce dieu que vous trouvez superbe
Peut vous jouer un vilain tour.
Restez sage près de la huche,
Chez vous l'hymen viendra plus tôt,
Et ne prêtez pas votre cruche,
Si l'amour tourne autour du pot.

Croyez-moi, dans les jeux de bourse
N'allez jamais risquer votre or,
Car'la fortune, dans sa course,
Peut vous râfler votre trésor.
Fuyez, plus leste que l'autruche,
En passant devant un tripot,
Car, lorsqu'on y vide sa cruche,
On en sort bête comme un pot.

Notre âme, ici-bas prisonnière,
Dans la matière s'abrutit :
Des passions suivant l'ornière,
L'homme, parfois, devient petit ;
Quand, brisé par l'âge, il trébuche :
Quand la raison n'est plus son lot,
Qu'un Dieu clément casse la cruche.
Pour que l'esprit sorte du pot.

DUVAL et ALLARD-PESTEL,
Membres associés.

8

ROUTE ET CHEMIN

Air de *Philibert marié*.

Au tirage des synonymes,
Le lot qui me fut adjugé,
J'en conviens, parmi les victimes,
Aujourd'hui ne m'a pas logé.
J'entame donc tout droit la joute,
Et me livre à votre examen...
Il faut prendre la bonne route.
Lorsqu'on veut faire son chemin.

Que l'ivresse, à table facile,
Dans nos rangs cherche à s'égarer,
Songeons qu'à notre domicile
Tôt ou tard il faudra rentrer.
Si la raison fait banqueroute,
C'est au ruisseau qu'on tend... la main !
Et ce n'est pas la bonne route,
Lorsqu'on veut faire son chemin.

Près du sexe, en vrai Lovelace,
Voulez-vous réussir toujours ?

Suivant ses goûts, changez de face,
De ton, d'allures, de discours :
Et payez !... jamais la déroute
N'ornera votre parchemin...
L'or est une très bonne route.
Lorsqu'on veut faire son chemin.

Au contraire, êtes-vous un sage ?
Du bonheur êtes-vous jaloux
De faire un peu l'apprentissage ?
En bon bourgeois, mariez-vous.
Vainement la malice broute
L'épigramme aux champs de l'hymen...
Pour le cœur c'est la bonne route,
Lorsqu'on veut faire son chemin.

Honnêtes gens, que l'infortune,
Sans relâche, éprouve ici-bas,
N'allez pas trop garder rancune
Au Dieu des terrestres combats.
Ce Dieu juste, sans aucun doute,
Vous ouvrira le ciel demain !...
Ne maudissez donc pas la route,
Qui fait faire un si beau chemin !

Tel rapin d'un maître déchire
Le talent partout respecté.

Et du jury, qu'il croit séduire ,
Ne se voit jamais écouté.
Au lieu de barbouiller sa croûte
Des tons d'un fantasque carmin,
S'il avait pris la bonne route,
Au Louvre il eût fait son chemin.

Faut-il cent fois qu'on vous réponde,
Esprits ardents à soutenir
Que l'intrigue est, dans ce bas monde,
Le seul moyen de parvenir :
« Le vrai mérite ne redoute
« Rien des pièges du genre humain,
« Et l'honneur suffit à sa route,
« Lorsqu'il veut faire son chemin. »

Si ma chanson ne vous plaît guère,
Ne me le faites pas savoir,
Et, dût-elle être peu sincère,
Que votre indulgence, ce soir,
Sur mes vers tombant goutte à goutte,
Permette à votre Benjamin
De croire qu'il a pris la route
Qui conduit dans le bon chemin.

Victor LACOGUÉE,
Membre titulaire.

AVANTAGE ET PROFIT

Air de *Richard Cœur-de-Lion*.

Quoi ! forcer un bon vivant
A méditer, en savant,
Pour trouver un badinage
Sur *profit*, sur *avantage*,
Qui n'offrent rien de jovial.
    C'est mal,
      Très mal ;
Et, comme avec bien du mal,
Je ne tracerais qu'un grimoire,
    J'aime mieux boire.

Que, dans une œuvre d'esprit,
Luc vise plus au profit
Qu'à l'honorable avantage
D'être cité d'âge en âge,
Comme Corneille ou Pascal,
    C'est mal,

Très mal,
Arrière un auteur vénal !
Moi, qui ne rêve pas la gloire,
J'aime mieux boire.

Profiter de sa beauté,
User sa virginité,
Pour jouir de l'avantage
De plumer en mariage
Un opulent animal,
C'est mal,
Très mal ;
Mais de ce fait immoral
Au lieu de ressasser l'histoire,
J'aime mieux boire.

Pour un gros ventre bénit
Des pauvres tirer profit,
Aux dépens de sa famille
Avantager un vieux drille
Portant l'habit monacal,
C'est mal,
Très mal.
Que cet exemple fatal
S'apprécie au définitoire,
J'aime mieux boire.

En coupletier courageux,
De mots désavantageux
Ai-je formé quelques rimes
Au profit des synonymes?
Non ! je sais bien qu'au total
      C'est mal,
      Très mal,
Sauf pourtant ce vers banal,
Que j'ai puisé dans ma mémoire :
      « J'aime mieux boire. »

JULES-JUTEAU,
Membre associé.

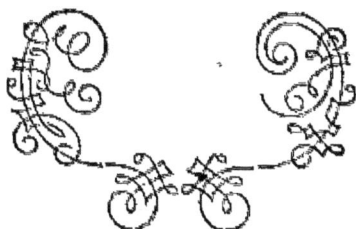

EXCUSE ET PARDON

Air : *Eh! ma mère, est-c'que j'sais ça.*

Une faute est plus qu'un crime,
Talleyrand l'a constaté :
Dois-je adopter sa maxime ?
Quand lui-même en a douté ;
D'erreur point je ne l'accuse,
Mais je crois qu'en bien des cas,
On dit : si je vous excuse,
Je ne vous pardonne pas.

Le pardon, que l'homme accorde,
Prouve à notre humanité
Qu'on peut, méritant la corde,
Etre une célébrité :
Le fripon qu'on emprisonne,
S'il doit mourir à Mazas,
Par pitié je lui pardonne,
Mais je ne l'excuse pas.

L'excuse tient lieu sur terre
De sagesse à bien des gens,
Par elle un propriétaire
Clot sa bourse aux indigents :
Sous la bure une recluse
Nous dérobe ses appas,
Sans connaître son excuse,
Je ne lui pardonne pas.

Chez la jeune et tendre Adèle,
Un soir, sans être attendu,
J'entre, et je vois l'infidèle
Mordant au fruit défendu :
La rage en mon sein bouillonne,
La belle a peur du trépas :
Par amour je lui pardonne,
Mais je ne l'excuse pas.

L'usurier, que rien n'effraye,
Pas même l'éternité,
Jamais ne sonde la plaie
Qu'il fit à la probité ;
L'avarice le talonne,
On le méprise ici-bas :
Bon chrétien, je lui pardonne,
Mais je ne l'excuse pas.

Excusez ma chansonnette,
Pardonnez à son auteur,
Répondez à ma requête
Par un suffrage flatteur :
Vous, que le succès couronne,
Si vous me sifflez tout bas,
Mon amitié vous pardonne,
Mais ne vous excuse pas.

Jh BROT,
Membre titulaire.

CABALE ET COMPLOT

Air : *Adieu, je vous fuis, bois charmants.*

La cabale joue ici-bas
Autour de nous un très grand rôle,
On la rencontre à chaque pas
Qui prône, dénigre ou contrôle :
On cherche en vain à l'écarter,
Contre elle un beau zèle s'étale,
Personne ne peut éviter
L'influence de la cabale.

Qu'une œuvre de goût et d'esprit,
Apparaisse sur notre scène,
Le succès des autres aigrit.
Et met l'envieux à la gêne :
Aussi, bientôt chuts et sifflets
Arrivent comme une raffale,
Et les plus gracieux effets
Sont étouffés sous la cabale.

S'agit-il d'une élection
Sur petite ou sur grande échelle,
C'est l'intrigue et l'ambition
Qui seules tiennent la ficelle :
Aux conseils... aux chambres... surtout
A l'académie... O scandale !...
Que voit-on célébrer partout ?...
Le triomphe de la cabale.

Air : *Dans l'air encor grondait la foudre.*

Le front courbé, la face blême,
Les cheveux crêpus, l'œil hagard,
Voyez-vous cet homme problème
Qui, de côté, jette un regard...
Ne vous trouvez pas sur sa route :
Eloignez-vous sans dire mot...
Bientôt vous apprendrez, sans doute,
Qu'il se trame quelque complot.

Quand une cabale impuissante
A vu fuir son dernier espoir,
Quand son étoile pâlissante
Ne brille plus matin et soir...
L'orgueil blessé gronde et fait rage ;
Le cabaleur, souvent un sot,
Exalté par son entourage,
Se fait le fauteur d'un complot.

Mais quelquefois, dans sa colère,
Dieu permet qu'un succès complet
Vienne d'une main meurtrière
Couronner l'odieux forfait...
Le sang coule à flots dans la rue...
La terre le boit comme l'eau ;
Mais la foule, à grands cris, se rue
Contre les auteurs du complot.

Air : *Je loge au quatrième étage.*

Puis l'échafaud !... mais je m'arrête
Ce chant lugubre a trop duré,
Finissons vite... Un jour de fête
Veut être autrement célébré !
Enfin ma tâche est terminée,
Mais, pour oublier un tel lot,
Amis, d'un flot de romance.
Noyons et cabale et complot

FONTIN,
Membre correspondant.

TENDRESSE ET AMOUR

Air du vaudeville de *Madame Favart*.

Que vous chanter pour préface,
Quand, par un lot importun,
Vous me jetez à la face
Deux mots donnés au lieu d'un?
Du ciel cette gentillesse
Pour un pauvre troubadour,
    Si c'est de la tendresse,
    Ce n'est pas de l'amour.

L'amour qu'exige une belle,
C'est, ne vous y trompez pas,
Qu'on brûle et flambe pour elle
En couvrant d'or ses appas :
Aux yeux de l'enchanteresse,
Des soupirs la nuit, le jour,
    Si c'est de la tendresse,
    Ce n'est pas de l'amour.

Au dehors, Paul et sa femme
Roucoulent en vrais ramiers :
Au logis, d'une autre gamme,
On dit qu'ils sont coutumiers :
Elle brait comme une ânesse,
Il la prend pour un tambour...
　　Si c'est de la tendresse,
　　Ce n'est pas de l'amour.

A des enfants en bas-âge
Permettre, comme un nigaud,
De cracher sur le potage,
Et d'arroser le gigot :
Ou bien les bourrer sans cesse
De fruits, marrons, petit-four,
　　Si c'est de la tendresse,
　　Ce n'est pas de l'amour.

Les enfants qu'au bon Jean-Jacques
La Providence envoyait,
Il les jetait au cloaque,
Même il s'en glorifiait...
Pour leur sauver la détresse,
Flanquer ses marmots au tour,
　　Si c'est de la tendresse,
　　Ce n'est pas de l'amour.

Jeannot trône au ministère :
Vite, en sabots, du Cantal
Arrive Colin, son frère :
L'accueil est très cordial...
Dans ses bras chacun le presse...
De retourner à Saint-Flour...
 Si·c'est de la tendresse,
 Ce n'est pas de l'amour.

Dans les États d'Amérique,
Le Sud inhospitalier
Enchaîne les fils d'Afrique ;
Le Nord brise leur collier...
Mais, affranchissant l'espèce,
Traiter le noir en giaour,
 Si c'est de la tendresse,
 Ce n'est pas de l'amour.

Secourir l'espèce humaine,
C'est aimer, c'est louer Dieu ;
Mais, priant à perdre haleine,
S'user la langue au saint lieu,
Pour avoir, après confesse,
Droit au céleste séjour...
 Si c'est de la tendresse,
 Ce n'est pas de l'amour.

Entre deux sentiments frères
J'ai semé la trahison,
Mais c'est par goût des contraires ;
Car, en moi, près de Lison,
Le sentiment qui se dresse.
Je l'avouerai sans détour,
    Si c'est de la tendresse,
    C'est surtout de l'amour.

VIGNON,
Membre titulaire.

BATAILLE ET COMBAT

Air : *Bonjour, mon ami Vincent.*

Un message du Caveau
Me parvient, sentant la poudre ;
Muse, à cet ordre nouveau,
Il va falloir en découdre :
Bataille, combat, ce fut mon métier ;
Malgré le décret qui m'a fait rentier (1),
A vivre en bourgeois puis-je me résoudre ?
Vive le caveau qui, ce soir, me rend
Epaulette et sabre, et commandement ;
Trompette ! à cheval, allons-y gaîment.

Air : *Dans un grenier qu'on est bien à vingt ans.*

Reparaissez, beaux jours de ma jeunesse,
Où, sous Tlemcen, Mascara, Mazagran,
La gloire était notre seule maîtresse,
Et nous ouvrait la province d'Oran.

---

(1) L'auteur, chef d'escadron d'artillerie, vient
d'être admis à la retraite.

Je les ai vus, ces chasseurs intrépides,
Aux fronts bronzés, aux cœurs doublés d'airain.
Lorsqu'ils poussaient, sur les hordes numides,
Sans les compter, la charge à fond de train.

Je les ai vus, ces fantassins agiles,
Que n'arrêtaient ni rochers, ni ravins,
Des hauts sommets debusquant les Kabyles,
Et de l'Atlas forçant tous les chemins.
A leurs efforts se joint notre mitraille
Qui, de ces monts, réveille les échos :
Les obusiers ont gagné la bataille,
Et Jugurtha fuit devant nos drapeaux !

Puis nous entrons un jour dans Césarée,
Cette Balbek du rivage africain,
Par Genseric dans le sable enterrée,
Et que Bugeaud relève de sa main.
Où tout finit jadis, tout recommence,
Nobles débris, victorieux des ans !
D'un siècle à l'autre, et de Rome à la France.
Reliez-vous à la chaîne des temps.

Quel nouveau jour a lui sur l'Algérie !
La paix succède aux combats, au danger ;
La France voit grandir sa colonie,
Et les vaincus se laissent protéger.

Ah ! gardons-nous de maudire la guerre,
Lançant l'idée avec les bataillons ;
Nos régiments fécondent cette terre,
Et du progrès y creusent les sillons.

En avant donc, travailleurs pacifiques,
La sonde en main vers ces sables brûlants :
Du Sahara les antres prophétiques
N'ont jamais vu de miracles plus grands :
L'onde jaillit et le désert recule,
Un peuple immense acclame ces bienfaits :
Pour lui la vie avec l'onde circule,
Et Dieu bénit ces sources de la paix.

A L'ARMÉE.

Vous, dans vos rangs qui me comptiez naguères.
Et dont les mains serrent la mienne encor,
Chers compagnons, mes bons amis, mes frères.
Je suis réduit au rôle de Nestor.
Pour célébrer du moins votre vaillance.
Mon luth modeste accordera ses sons,
Et je croirai toujours servir la France.
En vous offrant mes dernières chansons.

Azéma de Montgravier,
Membre correspondant.

PIÈCE ET MORCEAU

Air de *Léonide*.

Ah! saprelotte! ah! sapristi!
Ouf! il était temps qu'ça finisse :
Pour sûr je couve une jaunisse,
J'rends des points au plus abruti !

Vraiment, Protat, j'te contemple ;
Tu prends, mon cher président,
Pour la rotonde du Temple.
Ma tête, c'est évident.

Quoi ? de *pièces* et de *morceaux*,
Tu voudrais que je t'entretienne !
Quell' drôle d'idée est la tienne ;
J'veux bien t'en livrer des monceaux ;

Mais il faudrait qu'on me dise
C' qui conviendrait au Caveau ;
Ça s'rait p't t'être un' balourdise
D' proposer un *morceau* d' veau ?

A mon langage, assurément,
Je m'en vais passer pour un braque.
A ma cervell' qui se détraque
Il manque un' *pièce* en ce moment.

Pendant toute une semaine,
J'ai, je ne puis le nier,
D' la Bastille à la Mad'leine,
Fait un métier d' chiffonnier.

Trottant sans être jamais las,
De bons *morceaux* j'étais en quête,
Je rêvais déjà la conquête
D'une *pièc' nouvell'*, mais, hélas !

De tous côtés je regarde,
Sur des affich's jaun's, lilas,
J'aperçois, près d' *la Poissarde*,
La Dame aux Camélias.

Voilà don César de Bazan,
Se drappant dans sa gueuserie ;
D' la cape de sa seigneurie,
Les *pièc's* vêtiraient un Titan !

Mais est-il donc nécessaire
Que, frisé comme un bichon,
Zampa prenne, pour nous plaire,
Un air aussi folichon ?...

On a bien fait les choses, mais
Croit-on, dans ces r'prises nouvelles,
Consolider par des ficelles
Des *pièc's* qui ne s'usent jamais !

Vive un joyeux vaudeville,
J' préfère, ami du flonflon,
Voir un' *pièce* de Clairville...
Qu'un' *pièce* à mon pantalon.

— Critique de mauvais aloi,
Me dis-je, allons, mon vieux, chemine...
Tiens ! mais c'est la charmante mine
De Lise, un vrai *morceau de roi.*

De l'aborder je m'empresse...
En devenant roug'-ponceau,
Elle consent, quelle ivresse !
A v'nir manger un *morceau.*

Nous allons partir subito,
Mais, oh ! détresse des détresses,
Je suis, hélas ! *près de mes pièces,*
Chez Juteau je me rends presto.

J'arrive... Il parle à sa bonne,
J'entends qu'il lui dit comm'ça :
— « De la leçon que j'te donne,
Profite bien, Elisa. »

Ell' lui répond : « Ne craignez rien.
J' vois bien comm' ce *morceau* se dresse,
Vraiment j'admire votre adresse...,
Monsieur, vous embrochez fort bien !

Comme étant à vot' portée,
Je vous cit'rai mon cousin,
Il est, en fait *d' pièc' montée*,
Aussi fort qu'un Limousin...

Bref, me *faisant un' pièce*, hélas !
Ma jeune fille, si gentille,
M' fait courir jusqu'à la Bastille,
Où je ne la retrouve pas.

D' la Bastille au bois d' Boulogne,
Quel ruban de queue, oh ! la la !
Ah ! si du moins la Pologne
Se trouvait de c' côté-là.

Bravant le froid et le gâchis,
De Paris bientôt chaque gosse,
En démolissant le colosse,
D' ses *morceaux* ferait un hachis.

A votre cœur je m'adresse,
L'indulgence, ah ! c'est si beau !...
Si j' dois mourir, qu'une *pièce*
D' chez Brot me serv' de tombeau !

Ah ! saprelotte ! Ah ! sapristi !
Ouf ! il était temps qu' ça finisse ;
Pour sûr je couve une jaunisse,
J' rends des points au plus abruti !

Jules DE BLAINVILLE, Membre associé.

TABLE

—❦—

Pa

Paris.— Typ. A. Appert, passage du Caire, 56.